Vett och etikett för offerkoftor

Denna bok tillägnas dig som vill finslipa din offerkoftatalang och säkra din plats högst upp i offerkoftornas hierarki.

Boken är skriven med en stor portion ironi, viss självinsikt och humor. Om du känner igen dig i någon av mina fiktiva offerkoftor så hoppas jag att det manar till eftertanke och en önskan om förändring.

Louise Olofsson

Innehållsförteckning

Förord..5

Offerkoftans paradigm...7

Jag har det bra som jag har det 9

Tänk om det blir sämre än innan 10

Alla andra har det bättre än jag..............................11

Jag visste det 12

Om jag hade tagit chansen.......................................13

Ursäkter..14

Fler ursäkter 15

Varför anstränga sig? 16

Alla andra 17

Se till att få bekräftelse 18

Konsten att älta 19

En offerkofta till...21

Olika typer av offerkoftor.......................................22

Gör hemläxan och se om du är en äkta offerkofta. 25

Författarens reflektion över bokens innehåll.......................29

FSC
www.fsc.org
MIX
Papper från
ansvarsfulla källor
Paper from
responsible sources
FSC® C105338

Förord

"Hur du bäst lyckas undvika förändringar i livet"

Den här boken är skriven för dig som vill vara kvar där du är i livet. Den innehåller allehanda handfasta råd om hur du kan tänka för att undvika förändringar. Den är dessutom kryddad med förslag på hur du kan se på dig själv som ett offer för de omständigheter som alltid drabbar just dig.

Sätt dig ned på ett obekvämt ställe och dra offerkoftan tätt omkring dig. Redo? Varsågod att ta del av boken som på ett rationellt och enkelt sätt kan rättfärdiga dina invanda tankebanor.

"Ingen minns en pseudo-offerkofta."

Offerkoftans paradigm

Paradigm är invanda vanemönster och dessa är bra att ha om man absolut vill undvika förändringar. Ett av paradigmens mest populära talesätt är ”man vet vad man har men inte vad man får”. Du håller ståndaktigt fast vid dina vanor, du är kaptenen på ditt sjunkande skepp, en martyr för alla orättvist behandlade människor som seglar på olycksalighetens hav. Du måste också ha attityden av att du är ett oskyldigt offer för alla omständigheter i ditt liv. Sedan behövs ett stort mått av misstänksamhet eftersom du alltid ska tro att om någon erbjuder dig något så har de naturligtvis en baktanke.

Eller också tycker de synd om dig som alltid har sådan otur. För otur har du gott om och du ska tycka synd om dig själv eftersom du är absolut oskyldig till att just du är utsedd till att drabbas av allehanda otursmoment i livet. En annan viktig sak är att du delar med dig av hur eländigt du har det så att ingen missar i vilket läge du hamnat, helt utan anledning. Det är viktigt att du ser till att inte ta några som helst chanser till förändring. Du ska se chanser som risker eftersom du vet att inget bra kommer att hända just dig. Dra offerkoftan tätt omkring dig, titta på paradigmets väggar och tyck synd om dig själv.

Jag har det bra som jag har det

Det är jätteviktigt att hålla kvar vid dina vanor eftersom du alltid kommer att känna igen dig. Samma reaktioner och tankar ska upprepas så du slipper ändra något i ditt liv. Du ska alltid ha inställningen att alla förändringar är av ondo och du vill inte riskera att få det sämre. Förresten känns det ju tryggt att alltid veta hur du kommer att må under din dag och du ska inte låta något rucka på dina väl inrutade vanor. Om någon skulle föreslå en aktivitet som du aldrig provat så säg alltid nej. Glöm inte heller att vara misstänksam mot den som föreslår förändringen. Tänk noga över varför de gör det och det dåliga utfall som skulle bli resultatet om du ens försökte göra det de föreslår. Dra offerkoftan runt dig och stanna där du är.

Tänk om det blir sämre än innan

Du ska alltid vara övertygad om att en förändring leder till något som är sämre än det du har nu. Dessutom känns det otryggt att tänka tanken på att byta ut någon rutin. Du skulle ju inte känna igen dig själv och att känna sig osäker är hemskt. Du kan ta fram massor av tankar från det förflutna där du kände dig osäker och unna dig själv att känna alla känslor som du förknippar med de tankarna. Alla gånger det var synd om dig när du drabbades av omständigheter som du var absolut oskyldig till och som du absolut inte uppskattade. Det ska du inte riskera igen. Stanna kvar där du är. Hellre en offerkofta än ingen kofta alls.

Alla andra har det bättre än jag

Du ska alltid se dig som underlägsen och orättvist behandlad. Öva gärna framför spegeln för att få in den rätta offer-minen. Se lidande ut och glöm inte den hukande kroppshållningen som signalerar till omgivningen att du har det svårt. Om du har en smula tur, vilket förmodligen inte händer med tanke på hur det alltid brukar vara, kanske någon tycker synd om dig och frågar hur du mår. I så fall kan du spela ut hela registret av självömkan och eventuellt få lite medlidande från någon. Medlidandet bekräftar din självbild som ett stackars offer för omständigheterna och för en gångs skull känns det bra en liten stund, eftersom du får rätt. Du förtjänar verkligen att svepa in dig i offerkoftan.

Jag visste det

Det är ett så optimalt svar att använda inför dig själv, du bekräftar att du hade rätt och du kan känna dig nöjd med dig själv en liten stund. Det är viktigt att du är nöjd med dina nuvarande invanda tankemönster. Om du är missnöjd med dina paradigm så måste du ju söka en förändring och det vill du inte. Däremot är det viktigt att du fortsätter att ha en missnöjd attityd eftersom det är ett av dina paradigm. Om du i något förvirrat tillstånd av önskan om en förändring misslyckas i det du lite vagt tänkte att du skulle göra, så fungerar ”jag visste det”-svaret alltid som en anledning till att rättfärdiga det dåliga utfallet av dina handlingar. Du kan krydda det lite extra med ”jag har alltid sådan otur” eller ”som vanligt fungerar det inte”. Sedan kan du krypa tillbaka in under offerkoftan.

Om jag hade tagit chansen

Straffa dig själv med att tänka på allt du skulle kunnat uppnå om du hade tagit chansen vid diverse tillfällen tidigare i livet. Tänk riktig noga på allt bra du skulle kunna haft och hur dåligt det känns nu när du inte har det. Du kanske har någon du känner som har en egen offerkofta som du kan dela dina oturstankar med. Ni kan spendera lång tid med att berätta för varandra om allt ni skulle kunna haft om inte omständigheterna förstört allting för er. Glöm heller inte att framhålla hur dåligt det är att just ni drabbats av livets orättvisor. Dessutom ska ni på ett övertygande sätt förklara för varandra att ert fortsatta liv självklart kommer att fortsätta på samma otursdrabbade sätt. Se till att ni verkligen berättar allt ni skulle ha kunnat uppnå om livet behandlat er annorlunda. Sen drar ni era offerkoftor hårdare omkring er.

Ursäkter

Här är ett av dina paradnummer. Alla upptänkliga ursäkter måste ingå i din repertoar och ju mer du använder dem desto skickligare blir du på att navigera runt bland alla krav som dina medmänniskor ställer på dig. Självklart tänker inte alla andra på hur just du känner dig inför deras orimliga förväntningar och med en snabb tankebläddring finner du alltid den optimala ursäkten att ta till, vad som än händer. Den riktigt slipade offerkoftan kan multi-taska på ett övertygande sätt för att få folk att inse hur synd det är om dem, samtidigt som de belönar sig själva med uppmärksamhetens sötma. För det är alltid synd om dig, eller hur? Om du i din självömkan klämmer fram en liten tår eller två, så ökar det garanterat din nivå av missnöje över din situation och det är ju precis så det alltid brukar vara. Du är i din invanda zon och allt känns som vanligt. Alltså eländigt. Och offerkoftan sticks.

Flera ursäkter

Murphys lag är den optimala "naturlagen" att skylla på. Den som stipulerar att om något kan gå fel så gör det alltid det. Alla erfarna offerkoftor vet att den är som absolut klippt och skuren för just dem. Eftersom den, i ditt liv, är på samma nivå som vilken naturlag som helst och därför inte behöver ifrågasättas, så känns den självklar att använda i de flesta sammanhang. Alla känner till den så du får garanterat många medlidsamma huvudnickningar och stereotypa kommentarer såsom "stackars dig". Det är som att strö salt i såren och du kan passa på att uppgradera din ledsna min inför dem som för tillfället lyssnar på dina sorgliga berättelser. Du kan även skylla på gravitationen. Det är ju den som drar mungiporna nedåt och försvårar dina eventuella försök att le. Rätta till offerkoftan med en lätt triumferande min eftersom naturlagar inte kan ifrågasättas.

Varför anstränga sig?

Du vet ju att det i alla fall inte blir bra, eftersom det aldrig blir det. Håll kvar vid åsikten att all ansträngning till en förbättring är dömd att misslyckas. Du har ju provat några gånger och du kan hur enkelt som helst framkalla känslan av misslyckande. Du bara vet att alla andra skrattade åt dig, du vet att de tyckte att det var rätt åt dig att allt gick fel och nu kan du sitta en stund och känna känslan av misslyckande. Dra gärna offerkoftan över huvudet så att du inte syns.

Alla andra

En tanke du ofta måste tänka är att alla andra minsann har det bättre än du. Dessutom är det fruktansvärt orättvist att de inte verkar förstå hur svårt du har det. Dom är en bunt egoister som bara tänker på sig själva och aldrig förstår hur otursdrabbad du är. Det är viktigt att du känner dig separerad från folk som verkar vara glada eftersom du vet att de antingen är låtsas-glada, förmodligen för att irritera dig, eller att de av någon outgrundlig anledning faktiskt har ett bättre liv än du har. Om du någon gång tänker tanken att fråga dem om hur det kommer sig att de är glada, så slå det genast ur hågen. De kommer att föreslå att du förändrar dig och bara tanken är skrämmande. Lämna vane-zonen? Absolut inte. Eftersom de förmodligen inte kommer tycka synd om dig, på grund av att de såklart är totalt empatilösa, är det ytterligare en anledning till att du inte ska fråga dem om någonting. Endast andra offerkoftor kan förstå hur svårt du har det.

Se till att få bekräftelse

Som alla offerkoftor älskar du att få bekräftelse på att det är fruktansvärt synd om dig. Du frossar i medlidsamma blickar, deltagande suckar och ömkande kommentarer såsom ”stackars dig”, ”du har alltid sådan otur” och liknande floskler som du har lärt dig att uppskatta. Om personen som uttalar dessa saker dessutom har ett medkännande tonfall och ansiktsuttryck så blir du nästan lite glad. Fast inte så länge eftersom det inte matchar din offerkofte-image. Om det dessutom är fler personer som lyssnar på din sorgliga otursförföljda livssituation är det perfekt. Du är i centrum för allas medlidande och ditt bekräftelsebehov är uppfyllt med råge.

Konsten att älta

Denna färdighet är ett absolut måste för att komplettera din image. Det är en av grundpelarna i en offerkoftas liv och den bör tas på stort allvar. När du upprepade gånger tänker tillbaka på sekvenser i ditt olyckliga och orättvisa liv ger det dig en trygghet i tillvaron. Precis som allt som upprepas tillräckligt ofta blir det du ältar din sanning och den ska omhuldas. Att älta är något som du ofta ägnar dig åt eftersom det finns så oändligt mycket som gått fel i ditt liv. Naturligtvis på grund av det andra gjort, eller inte gjort, och som genererat din nuvarande miserabla tillvaro.

När du känner att ältandet är en naturlig del av dig är det dags att förfina denna färdighet för att kunna använda den i andra sammanhang. Som med allt annat krävs det övning innan du med professionell enkelhet kan älta din olycka inför andra. Övning ger färdighet och belöningen i form av alla medlidsamma blickar, suckar och mumlande ”stackars dig” är värt mödan. Det gäller dock att se upp med att inte älta för länge inför andra. Det finns nämligen tämligen okänsliga människor som snabbt tröttnar på att höra om dina bekymmer. Om du märker att intresset svalnat bland dina åhörare kan du sänka huvudet, inta en lätt hukad kroppsställning, le ett litet hopplöst leende och långsamt gå iväg. Denna lätt dramatiska sorti garanterar att de som nyss lyssnat får dåligt samvete och du drog det längsta strået. Bär din offerkofta med stolthet.

En offerkofta till

Här gäller det att se upp för konkurrenten. Du är ju expert inom området och din plats på tronen ska absolut inte hotas. Här är det vinna eller försvinna som gäller. Lyssna lite diskret i bakgrunden på vad den personen yppar, jämför med din situation och överväg om du ska kliva fram och bevisa vem som minsann lider mest eller om du ska lämna situationen och söka medlidande på annat håll. Båda har sina fördelar. Att stanna och överbevisa motståndaren och åhörarna om att du minsann har det sämst ger en omedelbar segersötma och du kan hålla offerkoftan högt. Att dra sig undan ger dig en orsak till att tycka synd om dig själv, eftersom du inte ens lyckades vara sämst, och då kan du svepa in dig ännu hårdare i offerkoftan och känna hur den sticks.

Olika typer av offerkoftor

Den stillsamma lider ofta i tysthet, har en aura av grå mus omkring sig och passar på att prata mycket om sitt elände om någon frågar. Läser ofta självbiografier om folk som levt miserabla liv. Grå eller beige offerkofta.

Den ordinära söker efter varje anledning till att framhäva sin olidliga situation och finner ofta sina jämlikar på arbetsplatser eller i någon förening. Personerna turas artigt om att prata om sig själva och lyssna på andra. Oftast finns en tyst överenskommelse om att alla ska ha det lika illa. Samtalsämnena kan variera mellan det (alltid) dåliga vädret, hemska grannar till världspolitiken. Det viktiga är att inget är bra. Offerkoftor i olika färger men inte för märkvärdiga.

Drama Queen. Det här är den som alltid högt och ofta pratar om sin otur. De är skickliga på att alltid hitta lägen då deras åhörare inte kan slippa undan, exempelvis ett lunchrum eller en hotellbar. De broderar ut om allt orättvist som drabbat dem, ser sig omkring för medlidsamma nickar och fortsätter oförtrutet tills lunchen är över eller baren stänger. Offerkoftan kan vara prålig och iögonfallande.

Gör hemläxan och se om du är en äkta offerkofta.

När tyckte du senast lite synd om dig själv?

____

____

____

Om du tittar på dina svar och känner att du gärna tycker synd om dig själv, eftersom det verkligen ÄR synd om dig, så är du en äkta offerkofta.

När skyllde du på någon annan/något annat (såklart helt utanför din kontroll) så att du skulle känna dig mindre ansvarig för din livssituation?

____

____

____

Om du skyller på andra/annat och känner att det är helt rätt så är du såklart kvalificerad till offerkoftefamiljen.

Hur länge tillät du dig att känna dig orättvist behandlad?

____

____

____

Om du gärna ältar känslan av att vara orättvist behandlad så är du den perfekta offerkoftan.

Hämnades du på något sätt för att ge igen för det du så orättvist råkat ut för?

____

____

____

Kändes det i så fall bra att hämnas eller fick du dåligt samvete för att du inte kunde behärska dig?

____

____

____

Om det kändes bra att ge igen är du ett finfint ämne för en offerkofta. Men se upp: om du fick dåligt samvete för din hämndaktion är du ute på djupt vatten. En äkta offerkofta skulle aldrig få dåligt samvete för det självklara i att hämnas en upplevd oförrätt. Är det möjligen så att du börjar tänka utanför dina invanda paradigm? Det kan skada din image.

Hur reagerar du om någon ifrågasätter din reaktion eller till och med påstår att du överreagerar?

____

____

____

En offerkoftas självklara reaktion på att bli ifrågasatt är att se sårad ut och på ett skickligt sätt få den som ifrågasätter att få dåligt samvete över sitt empatilösa påstående.

Författarens reflektion över bokens innehåll

Känner du igen dig i någon av offerkoftetyperna? Då är du inte ensam eftersom alla har mer eller mindre av dessa stereotyper i sig. De finns i vårt undermedvetna, där våra invanda tankemönster (s.k. paradigm) befinner sig. Paradigm smyger sig på när du inte är uppmärksam och det är lätt att låta sig luras. Om du svarat ärligt på frågorna kan du (om du vill) reflektera över svaren. När man ser tillbaka på en händelse är det lättare att se sin egen roll i händelseförloppet. Kanske är det dags att reflektera över om en förändring av de invanda tankemönstren är möjlig och önskvärd? Du gör alltid ett val avseende vilken inställning du ska ha till dig själv och din omgivning. Om du vill ifrågasätta dina hittillsvarande tankebanor rekommenderar jag min bok ”Släng ditt mentala skräp”. Den förklarar på ett enkelt sätt hur du kan förändra ditt tankesätt, skapa nya visioner för ditt fortsatta liv och ger tips på hur du kan tänka och agera för att uppnå dina mål i livet.

Tack till min vän Åke Åström som med outtröttligt tålamod hjälpt mig med redigering och publicering av denna bok.

Tack till mina vänner och min dotter Miranda som läst igenom boken och kommit med mycket värdefull feedback.

Förlag: BoD – Books on Demand, Stockholm, Sverige
Tryck: BoD – Books on Demand, Norderstedt, Tyskland
ISBN: 978-91-8057-858-5